$L b \overset{49}{63.}$

LA FRANCE

SOUS LE RÈGNE

DE CHARLES X.

Ouvrages du même auteur qui se trouvent chez
. les mêmes libraires.

Examen critique des Considérations de madame de Stael, sur la révolution française ,

Ou plus exactement :

Vue sur l'Histoire de la révolution, 2 vol. in-8°.. 12 fr.

Doctrines religieuses et politiques, in-8°..... 3   5o.

Situation de la France, considérée sous les rapports politiques, religieux, administratifs, etc. , in-8°................................ 7

Traité du commerce des fonds publics , à propos de l'affaire de MM. Perdonnet et Forbin - Janson , in-8°..................... 2 fr. 5o.

La France

SOUS LE RÈGNE

DE CHARLES X.

Par Jᵉˢ Cʜ. BAILLEUL,

ANCIEN DÉPUTÉ.

> Les monarques qui vivent sous les lois
> fondamentales de leur Etat, sont plus
> heureux que les princes despotiques qui
> n'ont rien qui puisse régler le cœur de
> leurs peuples ni le leur.
>
> *Esprit des lois*, l. ɪᴠ, c. xɪ.

A PARIS,

CHEZ RENARD, A LA LIBRAIRIE DU COMMERCE,
RUE SAINTE-ANNE, ɴᵒ 71;

CHEZ MONGIE, BOULEVARD DES ITALIENS, ɴᵒ 10;

ET CHEZ TOUS LES MARCHANDS DE NOUVEAUTÉS.

~~~~~~

OCTOBRE 1824.

LA FRANCE

SOUS LE RÈGNE

DE CHARLES X.

L'ORDONNANCE qui a aboli la censure a été considérée comme un grand événement. Elle doit, vu l'état des choses, marquer d'un caractère auguste le nouvel avènement, tant sont grandes les espérances qu'on en a conçues.

Maintenant ce que l'on doit désirer le plus vivement, c'est que les intentions si magnanimes et si pures qui ont dicté cette mesure n'y rencontrent pas quelque sujet de déplaisir, et que les espérances qu'elle a fait naître ne soient pas trompées.

La position n'offre aucun danger; il n'y en a maintenant en France pour personne; mais elle a ses difficultés qui n'en sont pas moins réelles, quoiqu'elles n'appartiennent qu'au moment; de fâcheuses préventions ne sont pas éteintes, et il est à craindre que de graves erreurs ne soient pas détruites.

Il y a parmi nous plutôt le sentiment du bien que la connaissance des moyens par lesquels on peut le réaliser.

Dans le grand nombre de ce qu'on appelle royalistes, les intentions sont bonnes, au moins pour le Roi, j'aime à le croire ; mais dans cette opinion tout est à peu près erreur ou aveuglement.

Les constitutionnels ont à la vérité un point de ralliement dans la charte : c'est un avantage qui doit être regardé comme un grand bonheur ; mais sur une foule de questions accessoires et pourtant essentielles, je ne crois pas me tromper en disant qu'ils sont loin d'être d'accord.

Il est de fait que les ministres sans exception qui se sont succédé depuis la restauration, n'ont connu ni la France ni ce qu'ils avaient à faire ; ils se sont trompés, c'est pour cela qu'ils ont succombé ; car, on ne peut trop le répéter, personne ne veut ni sa honte ni sa destruction.

La première cause du mal est venue de ce que chaque ministère, et peut-être chaque ministre, a agi d'après des vues personnelles et particulières, d'après l'impulsion du moment, et non suivant un plan général qui n'existait nulle part ; il n'y avait que des influences , et

ces influences ne pouvaient qu'être fâcheuses
en rendant la marche de l'autorité plus vacil-
lante.

Une seconde cause de l'incertitude que le
gouvernement a dû montrer dans ses résolu-
tions, est la crainte qu'inspire au pouvoir le
nouvel ordre de choses.

En effet, d'un côté on parle toujours de
droits populaires, de démocratie, quoique ces
expressions soient on ne peut plus impropres,
et qu'il n'existe pas dans l'Etat l'ombre d'un
pouvoir à ce titre. Un Roi, d'après l'idée qu'il
a de son autorité, arrange assez difficilement
dans son esprit une coexistence paisible,
digne, même possible, avec tous ces élémens
qui lui paraissent naturellement hétérogènes.

D'un autre côté, des hommes accoutumés à
jouir des abus qui accompagnent trop souvent
une grande administration, des hommes qui
préfèrent des priviléges pour eux à des droits
pour tous, invoquent sans cesse les principes
qu'ils appellent monarchiques; c'est toujours
à raison de leur dévouement pour le Roi qu'ils
paraissent effrayés des atteintes qu'on porte,
selon eux, à la monarchie, c'est-à-dire à leurs
prétentions.

Le prince, placé entre ces deux extrémités,
croit tout concilier en faisant aux peuples ce

qu'on appelle des concessions. Or, des concessions sont en terme propre des sacrifices; mais qu'est-ce qu'un pouvoir qu'on altère par des sacrifices? cette idée ne laisse-t-elle pas après elle des regrets et le désir de recouvrer peu à peu ce qu'on croit avoir perdu?

De ces alternatives d'amour du bien et de crainte du mal, d'abandon et de regrets, naissent des irrésolutions qui deviennent des alimens d'intrigues, d'espérances dangereuses, même d'entreprises criminelles d'une part; de l'autre, d'inquiétudes et de mécontentemens, et d'une troisième part, de souffrances pour l'Etat, de malaise pour ceux qui gouvernent, comme pour ceux qui sont gouvernés.

D'après ces réflexions, on peut déjà juger que le gouvernement ne peut avoir une marche ferme, sans des idées bien arrêtées sur les moyens et sur le but, en un mot, sans un plan général de conduite; mais, pour tracer ce plan, il faut voir les choses telles qu'elles sont, car tout plan qui leur serait contraire ne ferait que rejeter le gouvernement dans l'hésitation, et l'Etat dans le chaos.

J'oserai indiquer ici quelques règles que je regarde comme propres à assurer la gloire du Roi et le bonheur de la France. Si je ne consultais que mes forces, je garderais le silence:

je consulte mes intentions, les besoins du moment, et je parle, bien certain au moins, dans le cas où je me tromperais, que mes erreurs ne peuvent être nuisibles.

I.

Dans le cours ordinaire des choses, lorsqu'un gouvernement est éprouvé et affermi par le temps, des ministres n'ont autre chose à faire qu'à suivre ce qui est établi; leur guide, comme leur frein, se trouve dans toutes les pensées, dans toutes les habitudes. Le prince n'a qu'une surveillance facile à exercer; mais quand tout est nouveau dans l'état, et que des prétentions opposées, même sur l'esprit et la direction à donner au gouvernement, sont en présence, non seulement l'autorité suprême doit surveiller, il faut qu'elle agisse; elle ne peut abandonner la conduite de l'État aux caprices des ministres, ou à leurs opinions divergentes. Les ministres ne doivent être que les exécuteurs des plans qu'elle a conçus dans sa sagesse; elle ne doit pas les perdre un instant de vue. Le devoir qui naît de sa singulière position lui commande cette sollicitude. Sa sécurité, son bonheur, sa gloire, en dépendent.

II.

Il faut envisager, et, qui plus est, embrasser le régime nouveau avec franchise, avec hardiesse; la révolution n'est pas une simple modification, une altération dans l'organisation du gouvernement; elle constitue une ère nouvelle, un ordre de choses nouveau dans ses principes comme dans ses conséquences; c'est le droit de la société substitué au droit patrimonial; c'est le droit de l'humanité ou la justice substituée au droit de la propriété.

L'État se composait d'un assemblage de droits rivaux, parlant et agissant au même titre; audessus apparaissait à la vérité le droit de la couronne; mais ce droit, en contact immédiat avec des droits de même nature, au moins quant à leur principe, était constamment inquiété. La lutte était toujours flagrante; si l'on n'attaquait pas, il fallait se défendre. De là ces catastrophes qui ont si fortement caractérisé certaines époques.

Le droit de la société dont le Roi se trouve investi par la chute du système patrimonial, est sans rivalité. Un Roi, sous ce nouveau régime, ne pourrait être un Louis XI, ni un ministre un cardinal de Richelieu. Ils n'auraient pas d'aliment; ils ne trouveraient pas l'ombre

d'un obstacle qui pût servir de prétexte à de
semblables violences. Ils ne pourraient qu'at-
taquer des fantômes, que poursuivre des
nuances d'opinions ; mais si un Louis XI, un
cardinal de Richelieu purent réunir l'utile
à l'atroce, aujourd'hui un ministre qui voudrait faire du Richelieu, ne parviendrait qu'à
joindre le ridicule à l'iniquité.

Cette observation prouve singulièrement en
faveur du nouvel ordre de choses.

Pendant une lutte de douze siècles, la civilisation fait des progrès ; le commerce étend et
régularise ses opérations ; les sciences, les arts
se perfectionnent ; l'agriculteur lui-même ac-
quiert d'autres idées, et se fait d'autres habitudes. En regard du petit nombre d'anciens
propriétaires se trouve une population immense, riche, qui n'est point comprise dans
leur domaine ; cette population, ce commerce, ces arts, ne trouvent dans les *us et
coutumes*, qui avaient suffi à une organisation
guerrière et féodale, ni place, ni rang, ni
lois. Pour toutes les choses nouvelles, un nouveau besoin se manifeste : c'est le besoin de
la justice. Une révolution éclate, tout un peuple demande que ce besoin soit satisfait et
constitué.

Les publicistes avaient défini la monarchie

un gouvernement régi par des lois. Ce qu'on
ne devait regarder que comme des traditions
vieillies ne pouvait plus suffire; des lois man-
quaient à des élémens d'une nature tout-à-
fait différente. Qu'est-ce donc qu'on deman-
dait en sollicitant des lois appropriées aux
besoins du moment? Une véritable monarchie!

Par la chute d'un ancien ordre de choses
insuffisant, contradictoire, incohérent, vous
êtes sortis du gouvernement de la propriété,
subordonné au régime féodal; y pouvez-vous
rentrer? Non. Il faut donc marcher d'un pas
ferme vers le gouvernement de la justice, et
l'organiser dans toutes ses parties, de manière
à ce qu'elles soient adhérentes et tout-à-fait
homogènes. Il faut donc rejeter tout mélange
d'idées anciennes qui ne feraient que retarder,
que paralyser une organisation qui ne donnera
des résultats inaltérables qu'autant que ses
élémens seront dans une parfaite harmonie.

III.

On cite souvent l'exemple de l'Angleterre :
en Angleterre les grands se sont appuyés sur
ce qu'on appelle le peuple pour asseoir le gouvernement. La propriété est restée sous le régime féodal : on y a reconnu une religion do-
minante. En France, les Rois ont appelé le

peuple à leur secours pour combattre les grands ; la féodalité est abolie , la liberté des cultes adoptée : il n'y a donc aucune analogie entre les deux situations. C'est des entrailles de notre propre situation, sans exemple comme sans modèle, qu'il faut faire sortir les règles qui doivent diriger notre gouvernement dans tous ses rapports avec les choses et avec les hommes.

IV.

Sous le gouvernement de la propriété, le Roi n'avait point à se mêler des détails d'une administration envahie de tous côtés ; soit par des stipulations , soit par des usurpations. Le Roi lui-même avait envahi sur ses sujets, d'après les idées du temps, ce qui donnait forcément à son action une marche irrégulière.

Aujourd'hui que toute la France est uniformément soumise à son pouvoir, que l'on juge du désordre qui couvrirait bientôt la surface d'un grand Etat, si la marche du gouvernement n'était déterminée par des règles positives, sévères, et si le Roi ne pouvait reconnaître à des signes certains que ses agens suivent ou méconnaissent sa volonté.

Le Roi a donc, autant que la population , besoin de lois dont l'énergie soit proportionnée à une étendue de pouvoir inconnue jusqu'ici, et qu'il a reçue du nouvel ordre de choses.

V.

La société a été ébranlée jusque dans ses fondemens. Des générations encore vivantes ont traversé ces terribles catastrophes : il serait injuste de faire peser sur quelques faibles individus la responsabilité de désastres qu'on ne peut comparer qu'à des volcans, qu'à des tremblemens de terre.

Cependant, de nos jours, des hommes se sont établis juges dans ce grand procès, sans consulter leurs forces, sans se rappeler leurs propres actions. On imposera silence à ces téméraires, si l'on fait attention que c'est le défaut d'équité qui trouble les familles et bouleverse les Etats.

Il faut se juger soi-même avec sévérité, et les autres avec indulgence. La morale de l'évangile est plus exigeante. C'est à la suite des révolutions surtout que les gouvernemens et les individus doivent s'appliquer cette règle. Tenez comme une maxime certaine que toute erreur sur l'histoire de la révolution ou sur les doctrines, dont les circonstances indiquent et exigent l'adoption, produira toujours des maux proportionnés à la gravité et à l'étendue de cette erreur.

VI.

On a gouverné la France depuis la restauration, et plus particulièrement dans ces derniers temps, comme s'il n'y avait dans le pays qu'un très-petit nombre d'individus, et encore choisis dans une certaine espèce, sur la fidélité desquels le Roi puisse compter. Ce n'est point ici une assertion hasardée, les dernières élections en font foi; c'est comme hommes dangereux, comme séditieux, et par les procédés les plus scandaleux et les plus violens, qu'on a écarté les individus dont on ne voulait pas, et que l'autorité a fait tomber les choix sur ceux qu'elle avait elle-même désignés. On retrouve le même caractère dans les destitutions nombreuses qui ont successivement déshérité le Roi et la France des talens connus, des considérations méritées, des réputations et des expériences acquises pendant un demi-siècle.

Ces préventions sont-elles fondées en fait, ou ne reposent-elles que sur d'odieuses et de calomnieuses imputations?

La France mérite-t-elle d'être ainsi séquestrée de ses propres affaires? Comptons-nous, parmi nous, vingt-huit millions d'extravagans qu'il faut contenir et châtier, et seulement

quelques milliers de sages, à qui la Providence
a départi ce soin ? Voulons-nous des boule-
versemens pour le plaisir de compromettre
nos fortunes et nos existences? ou, sans avoir
l'épouvantable travers d'un goût aussi dépravé,
les Français ont-ils adopté des doctrines qui
conduiraient à ces mêmes résultats? Voilà la
question, si c'en est une.

J'ai déjà fait voir comment l'accroissement
de pouvoir du Roi exige de sa part, pour
sa propre garantie, un ordre de principes
adaptés à cette situation nouvelle.

Examinons ce que doivent être ces principes; ce sera répondre en même temps aux
imputations sur les faits, sur les doctrines; ce
sera prouver que la marche suivie jusqu'à
l'avénement de Charles x au trône a été
fausse, et tracer la direction que son gouvernement doit suivre.

VII.

Le gouvernement est essentiellement religieux dans son principe. Cette vérité n'est ni
reconnue ni adoptée dans l'opinion ; elle n'en
est pas moins une vérité qui sera accueillie,
un peu plus tôt, un peu plus tard, comme
fondement de la société, comme nécessaire à
la majesté et à la stabilité du pouvoir, comme

premier élément de l'éducation que la société doit à ses membres *. Si cette proposition est une erreur, au moins ne dira-t-on pas qu'elle est une erreur séditieuse.

VIII.

Ces mots *égalité, liberté*, qui n'ont fait tant de bruit que parce qu'on les a calomniés d'abord, traduisez-les par le mot *justice*, appliqué à tous les actes du gouvernement, et l'on comprendra facilement qu'ils ne sont susceptibles d'aucune interprétation dangereuse.

La France, et on peut dire toute la France, a demandé une législation qui fût la même pour tous, soit qu'elle protége, soit qu'elle défende; elle l'a obtenue : la conserver est encore le vœu de cette majorité de Français que l'on ose traiter de factieux. Qui peut douter que ce vœu ne soit légitime? on l'a cependant traité de révolutionnaire.

IX.

On ne peut pas dire que la royauté, comme système, ait jamais été bannie de la France.

---

* Voyez l'ouvrage que j'ai publié sous le titre de *Doctrines religieuses et politiques, seules propres à terminer ou à prévenir les révolutions*, etc.

La royauté, qui paraissait, qui voulait s'iden-
tifier avec les priviléges d'une aristocràtie qui
ne pouvait plus subsister, et d'un clergé qu'on
rappelait à ses fonctions, fut entraînée dans
la proscription de ces deux corps ; mais il est
de fait que la république ne fut adoptée que
comme un pis-aller, comme une nécessité dans
laquelle une position sans exemple avait fait
chercher un refuge. Il y eut d'ardens républi-
cains, parce que les idées sur la forme du gouvernement. se confondaient dans l'amour de
la patrie, la nécessité de défendre la liberté,
et surtout l'indépendance de la France, atta-
quée de toutes parts.

Faire aujourd'hui des idées de républica-
nisme un épouvantail pour le gouvernement,
est non moins une perfidie, que l'affectation
de lui montrer des révolutionnaires dans les
hommes qui ont une conscience et quelque
dignité.

X.

Ceux que blessent les mots *royauté constitutionnelle* ont un moyen bien simple de se
rassurer : qu'ils disent royauté monarchique ;
car, dans les idées des constitutionnels, royauté
constitutionnelle se dit par opposition à royauté

absolue, qui est tyrannie ou arbitraire, tandis que la royauté constitutionnelle est seule, exclusivement et véritablement monarchique.

Où est le principe le plus évident de cette royauté? Dans ce peu de paroles :

Le Roi veut toujours la justice; le peuple la demande toujours.

Comment organiser le gouvernement de manière que la volonté du Roi soit toujours suivie, et que les vœux du peuple soient toujours écoutés?

On ne peut y parvenir qu'au moyen de règles claires, précises, qui deviennent le principe des lois, comme de l'esprit et de la direction du gouvernement. Ces règles demandent des institutions, tant pour leur exécution que pour leur conservation.

L'ensemble des règles et des institutions forme ce qu'on est convenu d'appeler une constitution.

Ces règles sont aussi nécessaires à la garantie des droits du pouvoir suprême, qu'à la sûreté de l'Etat et à la sécurité des administrés. Loin d'être des concessions de la part du Roi, des altérations de son autorité, elles en sont les plus formidables appuis; elles sont la mesure au moyen de laquelle il pourra toujours lui être facile de s'assurer qu'on n'abuse pas

de son pouvoir, qu'on ne l'usurpe pas, ou de faire tout rentrer dans l'ordre, s'il y a abus et usurpation.

La révolution, qui délivra la nation d'une foule d'entraves, aussi contraires à sa sûreté qu'à sa prospérité, a rendu un égal service à la royauté : elle a complété, en sa faveur, les efforts des siècles; elle l'a achevée, si je puis m'exprimer ainsi; elle en a fait un tout homogène imposant, dont rien n'obscurcit la majesté. C'est par une constitution, et seulement une constitution, que la royauté peut conserver intacts les résultats de cet éminent service. Je dois insister, sur cette assertion, que la royauté a reçu, de la révolution, son complément, ce qu'elle a de plus éclatant, attendu que ce n'est pas ici la conséquence d'une discussion ou d'un raisonnement quelconque, c'est un fait qui ne peut être contesté.

Ainsi, quand nous nous dévouons à la royauté constitutionnelle, nous ne sommes point des factieux, nous n'exigeons point des sacrifices, nous devenons les véritables soutiens de la royauté pure, de la royauté sans tache, comme sans obstacle pour tout ce qui est bien, en un mot, de la royauté essentiellement et exclusivement monarchique.

XI.

Le Roi ne peut bien connaître les besoins d'un peuple répandu sur un vaste territoire, que par les organes de ce même peuple : on n'a pas jusqu'à présent découvert de moyen plus efficace pour atteindre ce but. Cette condition pour la délibération des lois, loin de porter atteinte au pouvoir suprême, est un élément de confiance et de puissance : le Roi propose les lois, et, quand elles sont délibérées, il peut encore, de sa pleine puissance, suspendre ou détruire les effets de la délibération. Par la représentation, le Roi reçoit toutes les lumières dont le gouvernement de la justice puisse s'environner; loin de faire aucun sacrifice, il ajoute à sa force. Ainsi, lorsque nous préconisons le gouvernement constitutionnel, ce n'est pas parce qu'il consiste dans un pouvoir affaibli, c'est à raison de son énergie et de l'efficacité de sa protection pour tous.

XII.

En parlant de la liberté de la presse on dit sans cesse qu'elle est *une condition du gouvernement constitutionnel, du gouvernement représentatif,* et on croit en démontrer la nécessité en ajoutant que sans cette faculté le gouver-

nement serait pire que celui du grand Turc,
etc.....

La réponse serait facile pour les adversaires
du système ; laissez là votre gouvernement représentatif, et débarrassez-nous des inconvéniens que vous-mêmes reconnaissez comme
attachés à la liberté de la presse, puisque, sans
le gouvernement représentatif, elle cesserait
d'être une nécessité.

Les vices d'expression causent plus de querelles que les véritables différences d'opinion,
ou ces différences ne résultent trop souvent
que de l'inexactitude des expressions ; ici, par
exemple, on dit : la liberté de la presse est la
condition obligée du gouvernement représentatif, c'est-à-dire d'une forme systématique
qui, considérée ainsi, pourrait être ou n'être
pas adoptée. Quest-ce que cela prouve ?

Mais si vous dites que le Roi ne peut être
certain de faire de bonnes lois, de gouverner
avec justice, qu'en admetttant cette forme du
gouvernement représentatif, il devient beaucoup plus facile de s'entendre.

Si vous dites : la liberté de la presse est le
premier droit comme le premier besoin du
Roi, car, sans la liberté de la presse, il lui est
impossible de connaître la vérité, et sans vérité il n'y a point de justice ; vous obligez alors

vos adversaires ou à garder le silence, ou à soutenir qu'il peut y avoir une monarchie sans la justice, ou que la justice peut être exercée sans la connaissance de la vérité, ou que la vérité peut être connue d'une manière certaine sans la liberté de la presse.

Toutes les fois qu'une faction, un ministère, voudront dépouiller la royauté, et s'emparer des pouvoirs publics, une de leurs premières mesures sera toujours d'asservir la presse.

La liberté de la presse est donc, avant tout, monarchique, puisque sans elle il n'y aurait point réellement de Roi, il n'en resterait tout au plus que l'image.

Lors donc que nous avons réclamé la liberté de la presse, ce n'était pas dans la vue d'affaiblir le pouvoir, de dénaturer la monarchie, d'amener des désordres, c'était pour assurer au pouvoir suprême sa plus belle prérogative, celle qui le met à tous les instans à même de connaître la vérité, et d'être juste.

XIII.

Quel est le but des élections? d'appeler auprès du Roi l'expression de tous les besoins, en même temps toutes les lumières, toutes les opinions, toutes les vérités pour les admettre,

même toutes les erreurs pour les combattre et pour les détruire.

Quelle est la condition pour que ce but soit rempli? la liberté dans l'acte d'élire.

Si l'on emploie le mensonge, l'imposture, la menace, en un mot toutes sortes de violences, dans la vue de forcer les suffrages, on dit que c'est porter atteinte aux droits du peuple.

Les auteurs des violences répondront qu'ils n'entendent pas porter atteinte aux droits du peuple ; mais qu'ils veulent assurer d'autant les droits du Roi.

Voilà encore un de ces vices d'expression dont je parlais tout-à-l'heure.

N'est-ce pas par l'intermédiaire de l'autorité suprême, par l'intermédiaire du Roi, que tous les droits sont assurés? N'est-ce pas pour faire parvenir jusqu'au Roi la connaissance des faits, et les lumières dont il a besoin qu'il y a des élections? Ce but sera-t-il rempli si les élections ne sont pas libres? La liberté des élections est un droit moral individuel, mais elle est, avant tout, le droit du Roi; lors donc qu'on viole cette liberté, c'est une atteinte portée à la couronne, un attentat contre le droit du Roi. Dès lors rien ne peut excuser cet attentat.

En effet, quelle est la position du monarque ? et sur quoi peut il compter si, par l'effet de la violence dans les choix, on lui amène des hommes qui sont le produit d'une volonté contraire à la sienne, et sur lesquels on a jeté les yeux précisément, afin de le mieux tromper?

Supposez que des ministres, pour se soustraire aux entraves des lois fondamentales, voulussent, sous des prétextes spécieux, s'emparer de l'autorité du Roi; que feraient-ils s'ils n'osaient abolir les élections? ils s'en rendraient les maîtres, et en combinant l'asservissement de la presse, avec des élus de leur façon, résultat des manœuvres les plus audacieuses et les plus criminelles, ils parviendraient à obtenir des succès plus ou moins durables; mais qui, tout passagers qu'on les suppose, n'en seraient pas moins funestes. Et remarquez que des ministres aussi coupables pourraient échapper à cette responsabilité dont les menacent vainement les lois, tandis que le Roi, qu'ils auraient trompé, dépouillé, dont ils auraient fait l'instrument de leurs perfidies, de leur ambition, ou de leurs faux systèmes, ne pourrait échapper à la responsabilité morale qu'impose aux mauvais Rois l'inexorable histoire.

La liberté des élections est, d'après ce que je viens de dire, un droit du Roi; elle est essentiellement monarchique, puisqu'elle est une condition sans laquelle il n'y a point de véritable monarchie.

XIV.

Voici une autre locution dangereuse, par cela même qu'elle est inexacte :

On dit communément que les conseils généraux de département, les conseils d'arrondissement, les conseils des communes, sont des institutions populaires dont les membres doivent être nommés par le peuple.

Des institutions populaires! des élections populaires! mais toutes ces choses-là sont donc anti-monarchiques, puisqu'elles sont populaires? Expliquons-nous :

Les institutions dont il s'agit sont populaires, dans ce sens qu'elles sont favorables au peuple et faites par lui; mais en les considérant dans leur esprit, leur nature et leur nécessité, elles sont avant tout monarchiques, parce qu'elles deviennent un des élémens qui éclairent la justice du Roi.

Le Monarque emploie des agens qui couvrent la surface du territoire ; ces agens, depuis les ministres jusqu'au dernier commis, peuvent être infidèles de mille manières.

Aujourd'hui, que le Roi réunit dans ses

mains tous les pouvoirs sociaux, auparavant disséminés, il faut que son action soit prompte et pénétrante dans la proportion de l'espace qu'elle a à parcourir. En même temps que le pouvoir descend jusqu'aux extrémités, il faut que la plainte ou le conseil puisse remonter des extrémités jusqu'au trône, par un procédé qui ne puisse tromper. Pour remplir cet office, sans lequel la monarchie ne serait bientôt qu'un chaos déplorable, il n'y a que des organes indépendans, des surveillans intéressés et libres : Or, des élections libres, peuvent seules donner au Roi les hommes dont il a besoin pour s'assurer que l'action de ses agens est toujours d'accord avec sa volonté.

Au moyen de cette double ligne d'agens et de surveillans, le Roi connaîtra toujours la vérité; mais si ces surveillans sont à la nomination des ministres, le Roi sera dépossédé par le fait : il y aura anarchie dans l'Etat.

Les institutions dont on réclame l'adoption sans pouvoir l'obtenir, parce qu'on les présente sous un faux jour, sont donc monarchiques, mais avec une élection libre de toute influence des agens du gouvernement.

XV.

Lorsque la féodalité est abolie, et que les

lois fondamentales ont placé, à côté du trône héréditaire, un corps héréditaire, pour la garantie de la stabilité du gouvernement, lorsque les lois, soit qu'elles protègent, soit qu'elles défendent, doivent être les mêmes pour tous, et que tous les hommes sont égaux devant la loi, qu'est-ce que peut être une noblesse héréditaire ?

On serait porté à croire qu'elle ne doit sa conservation qu'à une condescendance pour le passé, et que ses titres lui ont été rendus comme une consolation pour toutes les pertes qu'elle avait d'abord éprouvées.

Cependant ce n'est pas là l'idée qu'elle a de sa consistance, ni le point où naturellement elle voudrait s'arrêter; et ses prétentions, si l'on n'y prend garde, seront long-temps embarrassantes pour une dynastie qui, pendant des siècles, avait co-existé avec elle, mais dans des rapports bien différens de ceux qui peuvent avoir lieu aujourd'hui. Il n'en devient que d'autant plus urgent pour le gouvernement de déterminer, dans sa pensée, la place qu'elle peut occuper dans le nouvel ordre de choses, afin de l'y conduire et de l'y fixer par une politique sage, ferme, et de lui enlever tout espoir illégitime.

Si une noblesse avec des titres héréditaires

n'est pas une chose nécessaire dans une monarchie proprement dite, on ne peut se dissimuler qu'il est utile autant que moral que l'on distingue des familles qui, dans une suite de générations, se sont rendues recommandables par des talens, des services et des vertus : à toutes les époques, dans tous les pays, sous toutes les formes de gouvernement, des familles distinguées ainsi dans l'opinion ont encore pris un rang dans l'Etat ; mais aussitôt que leurs rejetons se montraient indignes de leurs pères, leurs noms, qui n'étaient pas soutenus par des titres, allaient se perdre dans la foule ; car les titres ont cet inconvénient qu'ils soutiennent la nullité et le vice.

Il serait bien de conserver les avantages que l'on trouve dans la distinction des familles, tant qu'elles le méritent, en écartant les inconvéniens qui résultent des titres ; mais c'est là un besoin éloigné.

Il importe d'ailleurs que pour une forte administration, et dans une civilisation avancée, qui exige du travail, des talens, de grandes lumières, par conséquent, une longue préparation et des habitudes des mœurs et des sentimens analogues, il se forme une réserve d'hommes propres à toutes les hautes conceptions de l'administration et de la politique.

L'industrie, le commerce, la propriété fon-
cière, fourniront toujours des sujets pour ces
emplois ; mais on peut considérer comme un
fonds tout fait les fonctionnaires existans ou
en retraite, l'ancienne et la nouvelle noblesse.
Sous ce point, ces deux classes formeraient
comme une grande notabilité, même une sorte
de candidature, qui n'exclurait ni les talens
naissans ni de premiers services, encore moins
les talens et les vertus qui ont jeté un certain
éclat, lesquels seraient toujours placés en tête
de toutes les prétentions, aux yeux d'un gouvernement avisé et bienveillant.

Là, doivent s'arrêter toutes les prétentions
de la naissance, tout l'orgueil du sang ; et ces
distinctions sont encore une belle part dans la
distribution des faveurs sociales. Il est bon
d'avoir le sentiment de sa dignité ; mais il ne
faut pas que ce sentiment dégénère en inso-
lence appuyée sur des priviléges.

Autrefois de certaines charges conféraient la
noblesse, aujourd'hui le Roi s'est réservé la
faculté de faire des nobles. Il serait peut-être
utile que tous les emplois un peu élevés, exer-
cés avec honneur pendant un temps détermi-
nés, offrissent de droit cette illustration. Cette
doctrine, je l'avoue, me paraît plutôt raison-
nable que révolutionnaire.

XVI.

Le clergé catholique, par suite de l'esprit du temps et de la confusion qui s'était introduite par tout, était devenu un corps politique, même le premier des trois grands corps politiques. Il voudrait reprendre cette position, si l'on en juge par tous les écrits que l'on publie sous le prétexte de l'intérêt de la religion.

Voilà encore une entrave et une source de difficultés pour le gouvernement du Roi, pour peu qu'on manque de fermeté et de prévoyance, ou qu'on se laisse entraîner par quelque considération de circonstances, ou par quelque méprise, si légère qu'elle soit.

Les constitutionnels, qui ne se dissimulent aucun des maux qui sont nés de cette confusion et de ces prétentions, ne se font point illusion sur les nouveaux malheurs qui pourraient résulter du plus léger succès dans de semblables entreprises; ils s'en expliquent franchement.

Ils sont en conséquence accusés d'impiété, signalés comme des révolutionnaires ennemis de toute religion; 1°. par le prêtre ambitieux; 2°. par ceux qui prennent le prêtre pour la religion; 3°. par l'ennemi du nouvel ordre de choses dont l'ambition appelle à son se-

cours, au moins provisoirement, l'ambition
du prêtre.

Tout homme qui n'est pas mu par un sentiment religieux n'est pas digne de sa nature ; ce
ce sentiment est au fond le même dans tous
les cœurs droits; mais il se manifeste selon des
modes très différents, ce qui constitue la dif-
férence des religions; ces modes ne sont autre
chose que des opinions dans un ordre élevé,
qui appartiennent à la conscience des individus, et sur lesquels les pouvoirs politiques
n'ont aucun droit, tant l'asile de la conscience
est sacré; par une conséquence nécessaire les
religions ne peuvent se mêler à la politique,
puisque par cette voie elles chercheraient à
exercer une influence dont la politique doit
se défendre.

Que la politique protége les religions comme
un besoin du cœur, comme une garantie nécessaire de bonne conduite et d'ordre, qu'elle
donne même une attention particulière à celui
des cultes qui paraît le plus généralement
adopté, rien de mieux ; mais qu'on rattache le
prêtre au corps politique par le plus léger
lien, c'est ce que les hommes sensés verront
toujours avec déplaisir, avec inquiétude ; ce
qu'ils regarderont comme une atteinte plus ou
moins grave à l'autorité du Roi. Quelque faible

que soit cette atteinte, elle sera toujours dangereuse. C'est ici surtout qu'il faut s'opposer aux commencemens.

Le moyen de rappeler aujourd'hui les peuples à la religion, n'est point de donner au prêtre de l'autorité dans l'état, de l'admettre comme tel dans des assemblées qui ne sont pas des conciles. C'est de le retenir au contraire dans l'enceinte sacrée où il doit remplir ses augustes fonctions. Eh! quel ministère pour des hommes de bien ! De l'environner de considération, de bienveillance, de respect, d'autant plus qu'il y est plus fidèle; mais de le réprimer avec sévérité dès qu'il montre l'intention d'en sortir.

Les hommes qui écoutent l'expérience du passé pensent encore que le clergé, comme corps, ne doit point être propriétaire, que le salaire qu'on lui accorde comme récompense des services qu'il rend à la société est encore le frein le plus propre à réprimer les écarts de ses membres ; que sa considération n'est point attachée à la possession des biens de la terre, mais à ses lumières, à la pureté de ses doctrines, à son esprit de charité, surtout à ses mœurs et aux bons exemples qu'il donne.

_ L'opinion qui veut placer l'État dans une religion laquelle, par ce fait seul, devient intolérante et exclusive, conduit à l'envahissement du pouvoir suprême, porte atteinte à la liberté des cultes, et altère la pureté de celui à qui l'on attribue un semblable privilége.

L'opinion contraire veut que le prêtre soit uniquement l'homme de la religion, et non la religion l'instrument de l'ambition du prêtre, afin que l'autorité du prince n'en reçoive aucune atteinte, et que l'ordre ne soit dans aucun temps troublé par des querelles qui n'ont point cessé, tant que ces distinctions n'ont pas eu lieu.

Laquelle des deux est préférable, laquelle est véritablement monarchique, laquelle est la plus favorable à l'autel et au trône, la plus conforme aux desseins de Dieu, aux prérogatives des Rois, et au bonheur des nations ? Il me semble que c'est incontestablement la dernière, et c'est la nôtre.

XVII.

L'instruction est une des grandes dettes de la société envers ses membres. Le premier devoir des pouvoirs publics est de ne pas l'entraver ; le second est de les favoriser dans son plus grand développement.

Mais l'instruction n'est pas une chose simple, elle se lie pour la jeunesse à l'éducation.

C'est à raison de ce mélange que les uns de bonne foi, les autres par système, d'autres encore par calcul, demandent que l'instruction soit confiée au prêtre, et, qui plus est, à cette fameuse congrégation trop connue sous le nom de *Jésuites*. Ces derniers, seront le sujet d'un article à part.

Ici la dissidence des opinions a les mêmes causes que pour le clergé catholique.

Il y a instruction en France ; mais dans aucun temps il n'y a eu d'éducation, si non, comme l'a judicieusement remarqué Montesquieu, une éducation contradictoire, l'éducation du monde, l'éducation du prêtre.

En effet, il n'y a eu et il n'y a pour la conduite dans le chemin de la vie, que cette éducation du monde, éducation tardive et de hasard, éducation de bons et surtout de mauvais exemples, qui se plie à tous les travers, qui se moule à tous les tempéramens, sans règle, sans mesure, bien plus favorable au déchaînement des passions qu'à leur répression et à leur sage direction.

Le prêtre, en se renfermant dans les limites de son ministère, s'occupe des choses de l'autre monde et dirige toutes les pensées vers cette fin.

Cependant il faut auparavant traverser celui-ci au milieu de tous les obstacles dont se

compose la vie humaine. Ici tout est positif :
l'homme comme fils, comme père, comme
citoyen, envers lui-même, envers ses semblables, envers la patrie, et selon la place qu'il
occupe dans la société, a des devoirs de toute
espèce à remplir. Pour y parvenir il lui faut de
l'expérience, de l'esprit de conduite, de la moralité ; or, cette expérience anticipée, ces principes de conduite, cette moralité, constituent
un enseignement qui devrait faire partie de
l'instruction, et qui formerait une véritable
éducation. En même temps que le gouvernement inculquerait ces principes qu'aucun so-
phisme ne pourrait combattre, la religion les
sanctifierait en montrant un but plus noble
que les succès qu'ils pourraient obtenir dans
ce monde.

Telle est la marche des idées et l'ordre qui
devrait exister dans ces choses ; mais on n'a
jamais pensé à le suivre.

Je sais que cette partie des obligations d'un
gouvernement paraît offrir de grandes difficultés. L'instruction et l'éducation forment
une sorte de sacerdoce qui exige dans ses ministres une austérité de mœurs, une chasteté
dans le langage et les habitudes, difficiles à obtenir et à maintenir ; mais le gouvernement bien
convaincu de cette nécessité, agissant sur un

plan sagement conçu, et complet dans toutes
ses parties, en viendrait bientôt à son honneur.

D'ailleurs, il n'y a pas ici à balancer : si
l'on veut que l'autorité du Roi reste entière,
et que l'éducation soit véritablement monarchique, le gouvernement doit la retenir dans
ses mains, seul moyen de la diriger dans l'esprit de ses institutions, et pour le plus grand
bien de la société et de la patrie.

Il ne doit en confier ni la direction ni la surveillance au prêtre, parce que celui-ci a aussi
son esprit, ses institutions, son but, tout-à-
fait différens, et qui, sous prétexte des intérêts du ciel, ne sont trop souvent que les
intérêts du prêtre.

Dans cette dissidence, les constitutionnels
qui, sans porter aucune atteinte ni à la religion, ni aux religions qui leur laissent toute
l'influence qu'elles doivent exercer, mais qui
veulent écarter tout ce qui peut altérer les
droits du Roi, ne sont point des impies, mais
seulement des hommes qui demandent que,
pour le bon ordre et la stabilité de nos institutions, chaque chose soit à sa place.

XVIII.

C'est plutôt à la suite de l'instruction qu'il

convient de parler des jésuites, qu'à propos du culte.

Ils ont toujours senti que pour être maître du cours d'un fleuve, il fallait le prendre à sa source. Si les gouvernemens l'entendaient aussi merveilleusement que cette société, ils auraient bientôt adopté la distinction et l'enseignement que j'ai proposé dans l'article précédent. Mais les gouvernemens se sont trop souvent montrés crédules, insouciants, sans but, et les très humbles agens des opinions ou des entreprises qui leur étaient le plus contraires.

On a dit beaucoup de mal et beaucoup de bien des jésuites, et l'on a eu également raison. Si l'on parle des individus, il s'en est trouvé dans le nombre de fort recommandables, d'ailleurs, très petite pièce dans une immense machine, quoique, suivant son impulsion, la part que chacun avait dans le mouvement général était imperceptible. Mais, si l'on considère l'institution en elle-même, elle est effroyable, et l'on ne peut concevoir qu'un gouvernement, quel que soit son motif ou sa position, puisse se faire illusion sur sa nature et ses dangers.

Les papes adoptèrent cette invention au moment où la réforme portait à leur domination un coup si fatal. Ils cherchaient, par ce moyen, à recouvrer la puissance qui semblait leur échapper. Tous les pouvoirs dont le ciel et la terre peuvent investir un homme, furent conférés au chef de ce corps, qui allait bientôt couvrir le monde catholique de ses adeptes et de ses prosélytes. C'est au nom de l'Eternel et du pape, que ce chef va parler; mais c'est pour développer, pour assurer sa puissance propre, qu'il agira, qu'il s'emparera de tout ce qui, parmi les hommes, peut exercer une influence quelconque sur les sens, l'imagination, l'ame, le cœur, les passions les plus viles comme les plus généreuses. Il aura à sa disposition des doctrines faciles et des préceptes menaçans, des récompenses ineffables et des châtimens éternels, des confessionaux et des prisons, des missionnaires et des sbirres, des écrivains et des censures, des honneurs et des proscriptions, des séductions et des poignards, des trésors et des bûchers.

Le clergé catholique est déjà une institution bien redoutable, à raison de la centralité et de la nature de l'autorité qui le dirige; mais enfin les papes sont entourés de dignitaires qui ont une existence dans l'ordre religieux; ils tiennent à des familles plus ou moins honorables. Des archevêques, des évêques, ont un

rang et une consistance qui obligent à des
ménagemens, et souvent ils ne se sont pas
montrés étrangers au bien du pays où ils
exercent leur ministère. Ils ont des attribu-
tions de juridiction dont ils savent bien défendre les limites ; ce sont là autant de bar-
rières difficiles à franchir.

Mais des espèces de moines, qui n'ont plus
ni famille, ni patrie, ni existence individuelle,
placés sous la direction d'un seul chef, vis-à-
vis duquel ils ne sont qu'un peu de matière,
une pâte qu'il façonne à son gré, qu'il élève,
qu'il abaisse, qu'il promène dans les quatre
ou cinq parties du monde, selon ses fantaisies,
sans qu'il soit permis de lui faire la plus
légère remontrance, tant l'abnégation de toute
espèce de sentiment personnel est absolue
dans les subordonnés ; d'un chef qui parle au
nom du ciel, avec tous les moyens de coac-
tion qui sont dans les mains des puissans de
la terre ; qui a fait du culte un spectacle pour
séduire, et de Dieu, l'instrument d'une ambition qui n'eut jamais d'exemple ; c'est là, à
juste titre, je le répète, une effroyable
institution, et elle ne peut pas être autre chose.
Il n'est pas dans la nature créée de pouvoir
concilier la sagesse et la modération avec une
semblable attribution de pouvoir. Mettez au-

jourd'hui des anges dans cette position, demain ils seront de mauvais anges.

Il était impossible qu'un pouvoir restât intact à côté d'une institution de cette nature ; aussi on crut que Clément XIV. avait éprouvé un léger accès de philosophie quand il la supprima *pour toujours* ; non, mais il était homme d'esprit : il comprit que les mille bulles qui avaient pour but de réprimer les entreprises de la société, ne signifiaient rien, parce que c'était l'institut en soi qui était mauvais, et qu'à côté d'un général des jésuites, il n'y avait plus de pape que de nom.

Les Rois les avaient chassés, parce qu'ils avaient reconnu qu'ils étaient des élémens de perpétuels désordres, que non seulement ils envahissaient leur autorité, mais encore qu'avec cette association il n'y avait plus pour leur personne de sûreté.

"Et c'est cette société qu'on voudrait recréer aujourd'hui, dont on choie jusqu'aux apparences, à laquelle on voudrait confier l'éducation de la jeunesse, sur laquelle on compte pour rétablir ce qu'on appelle l'ordre monarchique. D'avisés politiques, si l'on en croit certains bruits, la regardent comme un instrument nécessaire pendant une vingtaine d'années, et qu'on détruira quand elle aura rempli la mission pour laquelle on demande ses ressources et son appui. Téméraires! ce serait l'instrument qui briserait la main assez imprévoyante pour s'en servir.

Il est bien étrange que les individus qui veulent régir l'état par de semblables moyens parlent de révolution et de révolutionnaires. Ceux-là ne sont ni des révolutionnaires, ni des ennemis de la monarchie et du Roi, qui pensent qu'on ne peut trop tôt faire cesser les craintes sur un sujet aussi sérieux.

XIX.

Le gouvernement ayant un plan de conduite bien arrêté, peu importe l'opinion des ministres; le seul point important c'est qu'ils soient choisis parmi des hommes probes, désintéressés, pleins de franchise et d'honneur. Cependant il importerait au bien du service du Roi, que les opinions fussent croisées, afin que toutes les raisons, pour et contre, pussent arriver au tapis; et qu'on ne parvînt pas à circonvenir l'opinion du prince dans son conseil. Il est indispensable de renverser les enceintes, grandes ou petites, qui peuvent lui dérober la vérité.

Si l'on écartait des hommes connus pour être opposés aux principes du gouvernement actuel, ce devrait être moins pour leurs opinions que parce qu'ils seraient considérés comme manquant de bonne foi ou de bon sens.

XX.

L'état des subordonnés de tous les grades est vraiment déplorable depuis trop long-temps.

Quand on examine de près tout ce qui s'est passé dans ces dernières années, on devine bien pourquoi de hauts fonctionnaires ont posé comme un principe que tout employé doit exécuter aveuglément ce qui lui est prescrit; mais on ne voit pas aussi clairement en quoi cette doctrine étrange et nouvelle, imitée de la propagande, est favorable à la royauté, au Roi, à la dynastie.

Nous pensons qu'il est urgent de faire cesser cette abjection; de rendre à chacun son indépendance, sa dignité d'homme et sa conscience; et de tenir pour maxime que celui-là est fidèle au Roi, qui obéit aux lois et remplit avec honneur l'emploi qui lui est confié.

Il est essentiellement utile que l'emploi redevienne un état assuré pour l'honnête homme qui en est revêtu.

Dans ma *situation de la France*, j'ai proposé de former de grands corps intermédiaires, institutions purement morales qui, en maintenant une grande moralité par une discipline forte et sévère, parmi les employés du gouvernement, auraient prémuni les individus de tout grade contre les injustices de toute nature. Je persiste à croire que ces institutions seraient aussi nécessaires à l'éclat du trône qu'à sa bienveillante équité.

Le vœu que je viens d'exprimer est celui des hommes signalés comme des factieux; il est au moins excusable, s'il n'est pas jugé salutaire.

Je me sers souvent de cette expression *nous*. Par *nous* j'entends les hommes sensés, qui veulent le bien, c'est-à-dire à peu près toute la France.

XXI.

Je ne parlerai point des différentes branches de la haute administration. Le gouvernement, franc et régulier dans son principe et dans sa marche, toutes les mesures qu'il adoptera pour le bien du pays prendront ce caractère. Je dirai seulement un mot sur l'administration des finances.

Dans une société où tant d'intérêts se croisent, se combattent, où tant de besoins se font sentir, les mouvemens du trésor sont le point de mire de tous les genres de cupidité. Le seul moyen de contenir des efforts aussi multipliés, et de prévenir les désordres qu'ils

peuvent faire naître, c'est que le gouvernement soumette ses opérations aux règles de
la morale la plus austère. Dans la proposition
de la réduction des rentes sur l'État, bien des
gens n'ont rien vu au-delà du dommage qu'allaient éprouver les rentiers. Sans doute c'était
un mal, un très grand mal ; mais le plus grand
danger n'est pas là ; le véritable danger consiste dans l'abdication des règles d'une bonne
administration pour se précipiter dans un système qui ne peut que démoraliser le gouvernement et les peuples. La question qu'on a si pré-
cipitamment lancée dans le public est donc une
des plus importantes qui aient jamais été sou-
mises au jugement des hommes.

Il n'est donc pas étonnant que l'on ait annoncé de l'hésitation, du doute, et que même
la proposition ait été combattue. C'est dans cet
esprit, et à raison de la gravité de la matière,
que, sans consulter ma capacité, j'ai annoncé
un écrit, dont des motifs graves, sans intérêt
pour le public, ont retardé la publication. On
peut conclure, de ce que je viens d'énoncer,
que si nous avons montré une forte opposition
à un projet dont on attendait de si grandes
merveilles, ce n'a été ni pour nuire au gouvernement, ni pour tracasser ses ministres ;
c'était et c'est encore une affaire de conscience,

l'accomplissement d'un devoir inspiré par les craintes les plus sérieuses.

Mais on prétend que ceux des adversaires du projet, qui se trouvaient sous la main du gouvernement, ont été châtiés pour l'avoir combattu ; des citoyens, des fonctionnaires, des législateurs, punis pour avoir donné leur avis sur une question du premier intérêt pour le Roi et pour l'État!!! La finance de place, substituée à la finance administrative, ne peut convenir à la France; il lui faut de la prospérité, des richesses; mais son administration a a encore plus besoin de dignité, d'ailleurs, ainsi que j'espère le prouver, la France n'est nullement préparée, tranchons le mot, pour ce tripotage.

XXII.

Sans doute des intérêts d'argent, de commerce, doivent le céder à des considérations plus nobles, d'où dépendraient la dignité d'une nation et le principe d'un gouvernement. Peut-on ranger, au nombre de ces considérations élevées, cette politique de système, cette opiniâtreté de routine, qui veut faire rentrer dans ce qu'elle appelle le devoir, les vastes contrées d'un autre continent.

Les hommes sages, au contraire, pensaient

qu'il fallait se hâter d'écouter les propositions des Haïtiens, parce que Saint-Domingue ne peut plus, sous aucun rapport, nous être d'aucune utilité, et, d'un autre côté, travailler sans relâche à nous ménager des relations dans les deux Amériques, non pas parce qu'il s'agit de donner raison à plusieurs révolutions, mais parce que la Providence n'ayant pas fait connaître qu'elle a créé un des deux continens pour être éternellement sous le joug de l'autre, dès-lors il n'y a plus qu'une question de fait à examiner : Est-il en notre puissance de lui imposer une seconde fois le joug ?

Il y a tout lieu de croire que non ; mais parviendra-t-on à faire des expéditions de quelque apparence ? Ou elles échoueront, ou, si elles réussissent d'abord, elles commenceront par des exterminations, continueront par des supplices, et en définitive ne donneront pour résultat que des désastres, d'énormes dépenses, des flots de sang humain versé, et la nécessité de se rembarquer. Maintenant le coup est porté, vous feriez la guerre vingt ans, cinquante ans dans ces contrées, qu'elles dévoreront tout ce qu'on y enverra, jusqu'à ce qu'on reconnaisse sa folie.

Telle sera l'issue de toutes les entreprises qu'on fera désormais contre l'Amérique.

De la sagesse, de la modération et nos affaires, voilà ce qu'il y a de bon et de bien.

Je ne sais si ces propositions sont révolutionnaires, mais, à coup sûr, elles valent mieux
que les conseils de certains sages en crédit.

XXIII.

On s'est permis de graves accusations contre
ceux qui n'ont point été de l'avis de la guerre
d'Espagne.

D'abord, on pouvait éprouver des revers ;
on devait les redouter, d'autant plus qu'ils auraient eu les conséquences les plus sérieuses.
Aujourd'hui que nous avons vaincu, je dirai
encore que c'était une chance qu'il ne fallait
pas courir : observation qui, ainsi que celles
qui vont la suivre, laisse dans tout leur éclat
les lauriers d'un prince que toute la France ré-
vère et chérit également.

Il n'y aurait eu qu'un avis sur cette entre-
prise, si l'on fût entré en Espagne avec la réso-
lution de réprimer le parti qui plaisait au Roi,
comme le parti qui déplaisait aux puissances
de l'Europe.

Nous avons pensé qu'il fallait suivre une
autre marche, non pas pour faire une révolution en Espagne, mais parce qu'elle était
faite.

On a pu penser, sans être criminel, que les opinions de Riégo étaient plus favorables à l'autorité royale, au pouvoir du Roi, à la prospérité de ce pays, que les opinions du trappiste et de Victor Saez.

Bien des Français ont prévu tous les maux que produirait en Espagne le système qui veut bien reconnaître pour des royalistes les assassins de leurs concitoyens, et les dévastateurs de ces contrées.

On se livrait malgré soi à de facheux rapprochemens ; le cri de la charte était proscrit en France comme séditieux ; les hommes les plus sincèrement dévoués au système constitutionnel étaient signalés de toutes parts comme des ennemis du trône ; les écrits publiés dans cet intérêt étaient mis à l'index, et leurs auteurs désignés à toutes sortes de persécutions.

Que l'on juge des inquiétudes que devait faire naître ce concours de circonstances.

Nous les avons supportées par respect pour le Roi et pour la dynastie. Il n'y a probablement rien de révolutionnaire dans cette résignation.

XXIV.

On peut regarder comme certain qu'on a donné dans les cabinets étrangers les idées les plus fausses sur la disposition des esprits en

France; de là de fausses mesures; de là cette manie de voir partout des révolutionnaires, et de concentrer sur des espiégleries d'écolier l'attention des hautes puissances, dont plusieurs auraient bien quelque autre chose à faire.

Charles X fait voir l'aurore d'un jour bien différent : tous les cœurs volent au devant de lui; toutes les bénédictions l'environnent. Espérons que l'expressions de ce sentiment sera transmise avec autant de bonne foi que d'empressement.

XXV.

Je n'ai pu me défendre de livrer au public ces réflexions, quoique tracées avec bien de la précipitation. Je désire qu'elles soient agréables aux hommes bien pensants, et que la publication leur en paraisse de quelque utilité. Je n'ambitionne que leurs suffrages. J'ose l'espérer, fondé sur ce que ma conscience me dit que je n'eus jamais une pensée, je n'approuvai jamais un sentiment qui ne fût pour le bien de mon pays.

FIN.

IMPRIMERIE ET FONDERIE DE J. PINARD,
RUE D'ANJOU-DAUPHINE, Nº 8.

www.ingramcontent.com/pod-product-compliance
Lightning Source LLC
LaVergne TN
LVHW052011080426
835513LV00010B/1168